GRöLS Verlage

„BÜCHER SIND WIE FALLSCHIRME. SIE NÜTZEN UNS NICHTS, WENN WIR SIE NICHT ÖFFNEN."

Gröls Verlag

Redaktionelle Hinweise und Impressum

Das vorliegende Werk wurde zugunsten der Authentizität sehr zurückhaltend bearbeitet. So wurden etwa ursprüngliche Rechtschreibfehler *nicht* systematisch behoben, denn kleine Unvollkommenheiten machen das Buch – wie im Übrigen den Menschen – erst authentisch. Mitunter wurden jedoch zum Beispiel Absätze behutsam neu getrennt, um den Lesefluss zu erleichtern.

Um die Texte zu rekonstruieren, werden antiquarische Bücher von Lesegeräten gescannt und dann durch eine Software lesbar gemacht. Der so entstandene Text wird von Menschen gegengelesen und korrigiert – hierbei treten auch Fehler auf. Wenn Sie ebenfalls antiquarische Texte einreichen möchten, finden Sie weitere Informationen auf www.groels.de

Viel Freude bei der Lektüre wünscht Ihnen das Team des Gröls-Verlags.

Adressen
Verleger: Sophia Gröls, Im Borngrund 26, 61440 Oberursel
Externer Dienstleister für Distribution & Herstellung: BoD, In de Tarpen 42, 22848 Norderstedt

Unsere „Edition | Kleine Klassiker“ versammelt über hundert unbestrittene Klassiker der Weltliteratur in einem ästhetisch anspruchsvollen und handlichen Format.

Die Gröls-Klassiker-Editionen gehören heute mit ungefähr tausend Werken zu den größten Sammlungen klassischer Literatur im deutschen Sprachraum. Wir kultivieren und kuratieren damit einen der wertvollsten Bereiche der abendländischen Kultur. Kleine Auswahl:

Francis Bacon • Neues Organon • **Balzac** • Glanz und Elend der Kurtisanen • **Joachim H. Campe** • Robinson der Jüngere • **Dante Alighieri** • Die Göttliche Komödie • **Daniel Defoe** • Robinson Crusoe • **Charles Dickens** • Oliver Twist • **Denis Diderot** • Jacques der Fatalist • **Fjodor Dostojewski** • Schuld und Sühne • **Arthur Conan Doyle** • Der Hund von Baskerville • **Elisabeth von Österreich** • Das Poetische Tagebuch • **Friedrich Engels** • Die Lage der arbeitenden Klasse • **Ludwig Feuerbach** • Das Wesen des Christentums • **Fitzgerald** • Zärtlich ist die Nacht • **Flaubert** • Madame Bovary • **Theodor Fontane** • Effi Briest • **Robert Musil** • Über die Dummheit • **Edgar Wallace** • Der Frosch mit der Maske • **Jakob Wassermann** • Der Fall Maurizius •

Mark Twain • Huckleberry Finns Abenteuer und Fahrten • **Anton Tschechow** • Die Möwe • **Ludwig Tieck** • Der gestiefelte Kater • **Feuerbach** • Das Wesen des Christentums • **Fitzgerald** • Zärtlich ist die Nacht • **Flaubert** • Madame Bovary • **Theodor Fontane** • Effi Briest • **Robert Musil** • Über die Dummheit • **Edgar Wallace** • Der Frosch mit der Maske • **Jakob Wassermann** • Der Fall Maurizius • **Oscar Wilde** • Das Bildnis des Dorian Grey • **Mark Twain** • Huckleberry Finns Abenteuer und Fahrten • **Anton Tschechow** • Die Möwe • **Ludwig Tieck** • Der gestiefelte Kater • **Jonathan Swift** • Gullivers Reisen • **Robert Louis Stevenson** • Die Schatzinsel • **William Shakespeare** • Othello • **Arthur Schopenhauer** • Die Kunst, Recht zu behalten • **Felix Salten** • Bambi • **Platon** • Der Staat • **Arthur Schnitzler** • Traumnovelle • **Friedrich Schiller** • Wilhelm Tell • **Karl May** • Winnetou • **Franz Kafka** • Der Prozeß • Platon • Verteidigungsrede • **Jules Verne** • Reise nachdem Mittelpunkt der Erde • **Leo Tolstoi** • Auferstehung • **August Strindberg** • Inferno • **Julius Stinde** • Familie Buchholz • **Wilhelm Raabe** • Die schwarze Galeere • **Friedrich Nietzsche** • Götzendämmerung • **Gotthold Ephraim Lessing** • Emilia Galotti *und viele weitere Werke….*

Otto Julius Bierbaum

Eine kleine Herbstreise im Automobil

&

Der Mohr

Eine kleine Herbstreise im Automobil

I.
München –Innsbruck

***München*, am Abend Allerseelen 1902.**

Sobald ich nach München komme, werde ich vergnügt. Liegt das nun an den 500 Metern über Meer? Oder an der „Kunstatmosphäre“? Oder an der „Gemütlichkeit“? Oder an dem, was ich hier Gutes erfahren habe von Freunden und Feinden? – Aber es ist mir hier schon so ergangen, wie ich das erstemal herkam als junger

Student, der weder von wegen der Nerven auf Höhenklima reflektierte, noch einer Kunstatmosphäre oder bajuvarischer Gemütlichkeit bedurfte, um sich wohl zu fühlen, und der weder Freund noch Feind in dieser Stadt besaß. – Was war es also und was ist es? Ich glaube, es war und es ist ein wenig Autosuggestion dabei. München – das hieß für mich schon Heiterkeit, Freiheit, Frische, Natürlichkeit, eh' ich es kannte. Ich ging hin, dies alles zu suchen, mit der Zuversicht im Herzen, daß ich es finden würde, und so fand ich es. Möglich, daß ich es mir manchmal erfand, aber gleichviel: ich kam auf die Rechnung meiner lebendigsten Wünsche. Und das wiederholt sich mir nun immer wieder. Schon im Hotelomnibus, der hier nicht weniger humpelt und knattert als anderswo, werde ich vergnügt, und, wenn ich dann in den Straßen herumstreife, erlebe oder ersehe ich mir wenigstens immer etwas, das mir Vergnügen macht. Das können Sachen sein, die man überall ebenso gut erleben oder sehen kann wie in München, aber ich für mein Teil finde, daß sie hier besonders Spaß machen. Heute war es dies: Auf dem völlig menschenleeren

Karolinenplatz, an dem recht scheußlichen Obelisken, den der seltsame Logiker Ludwig der Erste seinen Bayern errichtet hat, die unter Napoleon in Rußland zugrunde gingen, weil auch sie „für des Vaterlandes Größe“ gestorben seien (nicht weit davon steht das Haus, das er der Lola Montez errichtete, die er in den drolligsten Versen besungen hat, die jemals der „teutschen“ Muse abgewaltsamt worden sind), also: am Fuße dieses sonderbaren Monuments stand ein bayrischer Infanterist, eng verbunden mit einem bayrischen „Kocherl“, dachte weder an des

Vaterlandes Größe, noch an die deutsche Muse, noch an irgend etwas, sondern busselte nur ganz einfach seinen Schatz. Aber das geschah von beiden Seiten mit einer so vollkommenen Hingabe, so monumental intim, so gründlich und ordentlich, und der Wehrstand war mit dem Nährstand so innig verschlungen, das militärische Himmelblau mit dem Küchenweiß so lieblich enge gepaart, daß ich andächtigen Gemütes stehen blieb und meine liebe Seele die beiden mit einem herzlichen Spruche segnen ließ, der also lautete:

Und wenn die Welt voll Teufeln wär'
Und wollt mich gar verschlingen,
Und käm selbst der Herr Hauptmann her:
Es soll mir doch gelingen!
Hilf Gott, was ist die Liebe warm,
Wie geht die Brust, wie drückt der Arm!
Die Liebe, die Liebe, die ist nicht umzubringen!

Sonntag, den 2. November 1902.

Um Cléo de Merode zu sehen, beschlossen wir in die Blumensäle zu gehen, aber es war natürlich kein

Platz mehr zu haben, denn sämtliche Münchener Künstler hatten vor uns das gleiche beschlossen. Recht ärgerlich verließen wir den Ort der Enttäuschung, aber siehe: unsere Blicke fielen auf ein kleines Biedermeierhäuschen mit Säulenportikus, und wir riefen aus: Es ist Ersatz gefunden! Denn im Giebelfelde dieses Häuschens ist, von zwei niedlichen Mädchen flankiert, Herr Kasperl Larifari zu sehen, der Letzte seines Stammes, aber nicht der Schlechteste, und das Häuschen ist Papa Schmidt Marionettentheater, ihm von der Stadt München erbaut und von Münchener Künstlern ausgeschmückt. Es war nachmittags um 1 Uhr, aber schon standen die kleinen Kunstenthusiasten, die nur den Preis des dritten Platzes, zwanzig Pfennige, erschwingen konnten, und harrten der Eröffnung, die um 3 Uhr stattfanden sollte. „Gibt's noch Billetten?“ fragte ich einen der kleinen Burschen. „Ja,“ erwiderte er, (offenbar ein Habitué), „wenn's Taferl „Ausverkauft“ noch nicht bei der Abortfrau ihrem Fenster außihängt, gibt's schon noch eine.“ Das Taferl hing noch nicht außi, und so gingen wir zur Abortfrau. Aber, natürlich, wenn der Mensch schon einmal Pech gehabt hat, hat er' s auch gleich ein zweites Mal: gerade wie wir eintraten, wurde die letzte Karte verkauft. „Alles weg?“ „Freili. Am Sonntag!“ – „Aber ich bin ein Rezensent und reise morgen weiter. Fragen Sie doch den Papa Schmid, ob wir nicht noch zwei Plätze haben können.“ – „Schreiben tun's?“ – „Ja, für die „Zeit“ in Wien.“ – „Für a Wiener Blatt? Na, i frag halt. Warten's a weng.“ Und wir warteten im Vorzimmer der ersten Klasse mit Waschbecken und Extrahandtuch. Nicht umsonst, denn es wurde uns die angenehme Botschaft, daß wir zwei

Extrastühle eingeschoben erhalten würden auf dem ersten Platz à 80 Pfennige. Wir freuten uns nicht weniger darüber, als wenn wir noch ein paar Plätze für die schöngescheitelte Cléo erhalten hätten, und waren punkt 3 Uhr zur Stelle, um das komische Zaubermärchen in drei Akten und sieben Bildern: „*Fortunatus oder die Ohren der Prinzessin von Marokko*“ zu sehen. – Welch ein munteres Leben, welch laute und stille Erwartung in dem hübschen, kleinen Amphitheater! Ach, daß *uns* ein solches Premièrenpublikum irgendwo einmal beschieden wäre! Alle diese frischen Augen und Lippen lachten: Theater! Theater! wie schön wird das sein! – Plötzlich wird der Vorhang erleuchtet: erstes Ah! der Genugtuung. Ein Klavier (unsichtbares Orchester) spielt eine Polka: schon klatschen einige. Und nun das Klingelzeichen, – und eine Welle von entzückten Lauten geht durch das Publikum. Aber eine Stimme gebietet: „Ruhe!" und es wird gleich mäuschenstill. – So bleibt es während aller sieben Bilder, nur, daß hie und da ein ganz Kleiner, eine ganz Kleine ruft: „Mama, ich möchte mal 'naus!“ Pfst! Pfst! rufen die Größeren entrüstet, die, erfahrene Genießer, alles Nötige vorher abgemacht haben. – Wie schön, wie lustig war das aber auch alles. Welche Kostüme! Prinz Fortunatus zuletzt gar in einer goldenen Rüstung, und Kasperl Larifari kann *alle* Glieder bewegen und spricht münchnerisch! Gorilla, der Kaiser der Wildnis, tritt auf und mit ihm seine Frau, die Madam Meerkatze, nebst den „Kindern beider“, greulich ungezogenen Affen, die bloß pfauchen und Purzelbäume schlagen können. Knuzzimuzzi, der Leibsklave des Sultans von Marokko, ist ein richtiger Mohr, der sich voll Grazie auf den Bauch legen kann, wenn er seinen Gebieter begrüßt, aber die Prinzessin Zoraide ist, trotz ihrer goldenen Pumphosen, eine schlechte Person, der es ganz recht geschieht, daß sie Eselsohren kriegt. Uebrigens geht alles gut aus, und Prinz Fortunatus sieht ein, daß Weisheit besser ist als Reichtum. Quod erat demonstrandum – Wird auch das Publikum das einsehen? Werden Maxl und Linerl ihre Schulaufgaben nun mit größerem Eifer machen? Wer weiß! Doch eins ist sicher: in ihren Augen bleibt das schöne Bild, wie

Fortunatus Gold regnen läßt, wie er, ritterlich in Gold geschient, reumütig und schön vor seinen lieben Eltern erscheint, wie Prinzessin Zoraide vor ihm niedersinkt und bekennt, daß ein gütiges Herz mehr wert ist als Schöntun und Falschsein. Und dann der lustige Kasperl, den man bloß anzusehen braucht, um zu lachen! Das Linerl wird noch als Frau Lina lächeln, wenn sie an den denkt und seine komische Lebensweisheit. – Ist das nicht viel? Ich wünsche jeder großen Stadt einen Papa Schmid.

Soll ich auch jeder großen Stadt die „Elf Scharfrichter" wünschen? Es kostet nichts, wenn ich es tue, aber es hilft auch nichts. Denn sie sind bloß in München möglich. In Berlin ist das Ueberbrettl als ein Witz entstanden und zugrunde gegangen, wie der Witz abgestanden war. Jeder Versuch, die ihm zugrundeliegende gute Idee eines lyrischen Theaters mit Varietécharakter ernsthaft auszuführen, mußte dort fehlschlagen, weil der Begriff des höheren literarischen Ulkes allzu eng mit ihr verknüpft war. In München fand sie ihre Verwirklichung durch Künstler, die von vornherein den gröberen sowohl wie den feineren

Ulk, das Zugmittel für die Massen und Uebersatten, ablehnten und aufs Eigentliche des Gedankens eines *Künstler*brettls gingen. So war ihrem Unternehmen Dauer und reeller Erfolg beschieden in dem Augenblick, wo zu den guten künstlerischen Qualitäten eine ordentliche geschäftliche Leitung hinzukam. Freilich erfreuen sie sich dabei eines Vorteils, den in Deutschland nur München bietet: einer gar nicht engherzigen, vielmehr recht freien und gescheiten Zensur. Was hier Frank Wedekind singen darf, wäre in keiner anderen deutschen Stadt möglich. Aber mehr noch: Selbst wenn es zum Beispiel erlaubt würde – man würde es nicht mit anhören können angesichts eines Publikums, das derlei Freiheiten zu unerträglichen Frechheiten stempeln würde durch die Art der Aufnahme. Es würde als Zoten bewiehern, was in Wirklichkeit doch etwas beträchtlich Höheres ist und darum nicht als Unflätigkeit, sondern als Kunstwerk aufgenommen werden will. Es ist geradezu der Hauptvorteil der „Elf Scharfrichter“, daß ihr Zuschauerraum die Masse ausschließt. Sie spielen in einem Saal, der eigentlich nur ein Korridor ist und kaum mehr als 100 Zuschauer faßt. Damit ist auch die Intimität gewahrt, eine wesentliche Voraussetzung der richtigen Wirkung derartiger Proben literarischer Kleinkunst. Ein Kabinett – kein Theater. Daher auch der angenehme Mangel an Prätensionen. Alles primitiv, aber geschmackvoll. Kaum etwas, das als künstlerische „Leistung" prunken will, aber auch fast nichts, das einer künstlerischen Note völlig entbehrte. In der Tat: Ein künstlerisches Varieté und, weil derlei tatsächlich so *nur* hier geboten werden kann, eine

Spezialitätenbühne künstlerischen Gepräges. Da spielen sie zum Beispiel jetzt eine satirische Farce „Die Verschönerungskommission“ von Paul Schlesinger, ein köstlich ungeniertes Ding voll der offensichtlichsten Spitzen gegen die allerhöchste Person des Deutschen Reiches, das alles überbietet, was der Simplizissimus nur je gewagt hat, und ich möchte glauben, daß die allerhöchste Person selber vor Vergnügen klatschend auf den Schenkel schlagen würde, wenn die Reporter recht haben, die behaupten, daß sie auf diese Weise applaudiert.

Eine glänzende Aristophanerie im kleinen.

Montag, den 3. November 1902.

Um zu bemerken, daß München eine Kunststadt ist, hat man nicht nötig, Atelierbesuche zu machen. Es genügt, durch die Stadt zu spazieren. Da ist es denn erfreulich, zu sehen, wie stark sich hier der Zug zu einer modernen ästhetischen Kultur bereits durchgesetzt hat. Die Architektur verschmäht fast ausnahmslos das armselige Kopieren alter Stile, ohne daß sie doch in den üblen Fehler verfällt, um jeden Preis, das heißt auch um den Preis der Vernunft und ruhig bedachten Geschmacks, neu und noch einmal neu und immer wieder bloß neu sein zu wollen. – Ferner alles, was mit der Innendekoration zusammenhängt: Teppiche, Tapeten, Vorhangstoffe, Schmuckgegenstände, Möbel, – ein Blick in die Schaufenster genügt, um das angenehme Gefühl zu erwecken: es gibt wieder ein gutes Geschmacksniveau, und auch der minderbemittelte Mensch von Geschmack findet hier, was er braucht, wenn er sich zu Hause mit schönen Dingen des täglichen

Gebrauches umgeben will. Der schwere und dabei schwindelhafte Geist des Protzentums ist ebenso überwunden wie das Gefühl der Resignation: willst du was Schönes suchen, mußt du zum Trödler mit Antiquitäten gehen. – Besonders auffällig ist die künstlerische Höhe, die hier die Photographie erreicht hat. Nicht bloß bekannte Anstalten wie die Ateliers Elvira, Veritas, sondern auch kleine Anfängerfirmen leisten Erstaunliches. Hat man früher gesagt: wenn man in München gut speisen will, muß man nach Augsburg in die Drei Mohren fahren, so könnte man heute sagen: willst du dich in Berlin gut photographieren lassen, mußt du nach München reisen.

Von Ateliers konnte ich nur das Franz Stucks besuchen, das, auch wenn es ganz leer wäre, ein Augenlabsal ist in seiner heiter wundervollen Pracht. Ich fand den immer gleich zielbewußten, stetig vorwärts schreitenden Meister über einer kleinen Leinwand, auf der die Skizze eines großen Gemäldes zu sehen war, mit dem er sich, nach seinen eigenen Worten, wieder einmal eine Aufgabe stellen will, bei der er Gelegenheit hätte,

„Schwergewichte zu stemmen“. Er will die Pest darstellen. Das ist freilich kein Thema für Jongleure, sondern für künstlerische Meister der schweren Athletik. Da sein künstlerischer Bizeps seinem physischen entspricht, zweifle ich nicht daran, daß es ein Werk voll Kraft, aber auch voll Schönheit wird.

***Innsbruck*, den 4. November 1902.**

Acht Stunden lang unausgesetzt im gesund-regelmäßigen Viertakt eines Automobils durch einen unsagbaren schönen, sonnigen Herbsttag dahingefahren, – ein Genuß, der nicht zu schildern ist. Alle Lebenskräfte wachen auf, alles Verhockte, Verstockte, Faule, Grämliche wie weggeblasen, alle guten Geister der Kraft und Gesundheit mobil. Bewegung! Kraft- und Saftumsatz! Rhythmus und Raumüberwindung! Es ist eine rauschartige Steigerung des Lebensgefühls. Was konnte ich, dies auszudrücken, Besseres tun, als meiner Frau immer und immer wieder die Hände zu küssen?! Verse machen ist schön, – dies ist noch schöner. Was kann es Herrlicheres geben, als gemeinsam sich durch die wechselreiche Schönheit einer mit allen Reizen ausgestatteten Gegend dahintragen zu lassen, von einer durch Menschenhand bemeisterten Kraft, die rhythmisch tätig ist? Wer die Wollust dieses Dahinrollens kennt, ersehnt sich nicht mehr die Kunst des Fliegens. Fest auf der Erde, aber wie im Sturme dahin. Jede Falte des Geländes benützend, Hügel hurtig hinauf und brausend hinab, jetzt zwischen Wiesen und junger Saat, nun durch Wälder, Flüssen entlang, über Brücken hin, Felsentore hindurch, hinter davontrabenden Herden her, in das Gassenwinklicht einer alten Stadt hinein, über Märkte weg voll Buden und Gewimmel, Schlössern, Burgen, Parks vorüber und vorbei an Pflügern und Hirten – immer den Bergen zu und plötzlich vor ihnen, da man sie doch vor wenigen Stunden grau und verschwommen, wie in einer Ferne sah, die sich dem Hinstrebenden nur immer weiter zu entziehen schien. Wem ich gut bin, dem wünsch' ich diesen Genuß, dieses Glück.

II.

Innsbruck– Bozen – Eppan

Schloß Englar im Eppan, 7. Nov. 1902.

In Innsbruck hatten, als wir dort waren, eben die welschen Studenten von den deutschen Prügel gekriegt. Nicht aber auf der Mensur mit Schlägern oder Säbeln, sondern auf ganz primitive Manier, mit Fäusten und Spazierstöcken, was man als gemeiner „Finke" Holzkomment nennt, während sich der Leipziger Korpsstudent, führnehm, wie er nun einmal ist, über den Fall so äußern würde: „Die deutschen Studenten haben sich gegen die welschen „in Realavantage“ gesetzt.“ Ein ordentlicher, braver, wohlerzogener deutscher Korpsstudent tut so etwas nicht – wenn er es aber doch tut, so wird er auf vier Wochen aus dem Korps „gehängt“, muß statt der schönen, bunten Mütze einen ganz gewöhnlichen Filzhut tragen, entbehrt des erzieherischen Einflusses des Frühschoppens, des Renommierbummels, der Kneipe, und wird nur durch den Besuch des Fechtbodens daran erinnert, daß er immerhin noch Beziehungen zur Elite der akademischen Bürger hat. Eine grausame Strafe, aber berechtigt. Denn es ist wirklich nicht sehr nett von einem akademischen Bürger, wenn er einen anderen durchprügelt, ohne Sekundanten und Unparteiischen und ohne genaue Buchführung der „Blutigen". Denn es muß Ordnung auch in der Keilerei sein, Kultur, Stil, höherer Gesichtspunkt. Warum, so frage ich mich verwundert, haben die Deutschen und Italiäner nicht eine P. P.-Suite ausgepaukt? Es ging ja im eigentlichsten Sinne pro patria?! Als auf den deutschen Universitäten noch die alten Landsmannschaften existierten, die wirklich die Vereinigungen der engeren Landsleute waren, da lieferten sich zuweilen Franken, Schwaben, Rheinländer derartige Schlachten, und aus jener Zeit stammt der Ausdruck: P. P.-Pauken. Aber freilich, man war einander nicht so böse, wie Deutsche und Welsche in Innsbruck, denn man war schließlich eines Blutes, und wenn man sich einander ein bißchen davon abzapfte, so geschah es nicht so sehr um der Feindschaft, als um der Freundschaft willen: Hau her, Bruder, daß ich wieder hinhauen kann! Ein etwas barbarischer Ausdruck gegenseitiger Hochachtung, aber immerhin gemütlich. – Davon ist nun hier leider die Rede nicht. Man ist sich bitter Feind. Keine Spur von Gemütlichkeit und kameradschaftlicher Gesinnung. Man prügelt sich, um einem hohen Senate der Universität und nicht minder einem hohen Ministerium des Unterrichtes ad oculos zu demonstrieren, daß man überhaupt nicht mehr wünscht, einander Kamerad zu sein. Darin sind beide einig, Deutsche und Welsche: daß man auseinander möchte. Das Wort: sich schlagen und sich vertragen, ist hier nicht am Platze, vielmehr schlägt man sich, um es recht deutlich auszudrücken: wir *wollen* uns nicht vertragen. – Hübsch ist das nicht, aber begreiflich. Eine Universität in Innsbruck kann wohl nicht gut anders als eine *deutsche* Universität sein, und von *italiänischen* Studenten kann man es kaum verlangen, daß sie *deutsche* Studenten werden. Freilich sollte eine jede Universität ein Kosmopolis sein, und akademische Bürger sollten, unbeschadet ihres Volkstums, den

Ehrgeiz haben, sich auch als gute Europäer zu fühlen und dementsprechend zu betragen, aber an den Grenzen weht ein scharfer Wind und ein jeder fühlt sich hier auf Vorposten. Die Deutschen haben es nicht vergessen, daß die Italiäner schon mehr als einmal den Anspruch erhoben haben, ihre Grenze bis an den Brenner zu rücken, und man kann es ihnen nicht verdenken, daß sie bei dem Gedanken wild werden. Es handelt sich hier um eines der schönsten Stücke deutscher Erde; diesen köstlichen Zipfel Süden wollen wir Hyperboräer uns nicht abwelschen lassen, wenn wir auch sonst gar nicht zu den Signori-Fressern gehören, vielmehr alles dessen dankbarst eingedenk sind, was wir der großen Mutter europäischer Kultur, der schönen Italia, schuldig sind. Von hier ist uns der holdstarke Vogelweider gekommen, und hier hat der derbtüchtige Wolkensteiner in derselben Sprache gedichtet, die hier noch im Munde der deutschen Bauern lebt. Dies alles, bis hinauf gegen den Gardasee hin, der selber seinen Namen noch aus deutschem Sprachstamme hat, *ist* deutsch, wenngleich es mehr als eine Nuance von Italien hat. Deutsch und Welsch hat sich zu einer wundervollen Einheit mit deutscher Dominante verschmolzen. Auch die Landschaft drückt dies aus, denn sie hat zwar bereits die große italiänische Linie, aber den deutschen Wald. Wo dieser aufhört, da beginnt Italien. In der Architektur ist der italiänische Einfluß, der Einfluß der älteren und südlicheren Kultur, unverkennbar, aber sie hat dabei die intimsten Züge des Deutschtums, das beim Heimbau aufs deutlichste das zum Ausdruck bringt, wofür es dem Italiäner selbst am Worte fehlt: die Gemütlichkeit.

Alle diese Edelsitze und Schlösser haben trotz ihrer italienischen Grundanlage viel mehr von der deutschen Burg als vom italienischen Castello. Erst von Trient an wird das anders. Dorthin würde eine italiänische Universität nicht übel passen, wie sich ja auch das Dante-Denkmal dort nicht übel ausnimmt, das Land Italien mit den Augen suchend, während es das Land Tirol mit der Rückseite begrüßt, die man, da Denkmäler nicht die Gabe haben, sich zu setzen, allerdings nicht die Gesäßseite nennen kann. Es ist ein ziemlich temperamentvolles

Monument, dieses Trientiner Dante-Denkmal, und der Gegensatz zwischen den beiden Nationen, die hier in aller Taubentraulichkeit friedlich nebeneinander wohnen würden, wenn es bloß auf die Wünsche einer k. k. Regierung und abgeklärter Freunde des Menschengeschlechtes ankäme, könnte nicht packender ausgedrückt werden, als wenn man es neben das Bozener Walther-Denkmal stellen würde – dos-à-dos natürlich. Der Dante von Trient ganz Grimm und Leidenschaft, der Walther von Bozen ganz Sinnigkeit und Minnigkeit. So stellen die Völker in ihren geistigen Helden gerne sich selber dar nach dem Bilde, das sie sich von sich selber machen, und es kommt dabei weder eine geistige Porträtähnlichkeit der Helden noch der Völker heraus. Die Italiäner haben sich in ihrem Dante von Trient meinem Empfinden nach geschmackvoller geschmeichelt, als die Deutschen mit ihrem Walther von Bozen. So butterweich und zuckersüß sind wir denn doch nicht, selbst dann nicht, wenn wir Lyriker sind, und wir dürfen eigentlich verlangen, daß man, wenn in der südlichsten deutschen Stadt ein Sinnbild deutscher Art errichtet wird in Gestalt eines deutschen Dichters und Rittersmannes, nicht bloß den „Dichter“ hervorkehrte, wie ihn sich schmachtsinnige „Mägdlein“ vorstellen mögen, sondern auch den streitbaren Ritter und scharfen politischen Streiter, der nebenbei auch ein galanter Mann von Welt und Form gewesen ist, mindestens so graziös wie gefühlvoll.

8. November 1902.

Es ist gewiß eine gewaltige Sache, daß man die großen Schwellen zwischen den Stationen, deren schönste wohl der Brenner ist, gewissermaßen geebnet hat, indem man Schienenwege über sie weg und durch sie hindurch legte; das Eisen, das sonst im Verkehr der Völker vornehmlich die Aufgabe hatte, zu trennen oder zu unterwerfen, erfuhr damit die schönere Anwendung, zu verbinden, freundschaftlich nahe zu bringen. Aber die Kunst der Ingenieure, die dies Erstaunliche leistete, nahm doch auch, indem sie gab. Sie gab Schnelligkeit und nahm Schönheit. Ehe sie ihre Wunder schuf, kroch man langsam über die Berge, aber man fand Zeit dabei, ihre

Schönheit zu genießen: von dem Augenblicke an, wo ihr bewundernswertes Werk fertig war, brauste man wie im Sturm über die Berge weg und jagte durch ihr Inneres, aber man sah meistens entweder nichts oder nur vorüberhuschende Bilder. Und dies wenige sah man als Gefangener. Denn auch die Freiheit wurde der Schnelligkeit geopfert. Das Eisenbahnbillett wurde nicht nur mit Geld, sondern auch mit der Aufgabe des Selbstbestimmungsrechtes für eine gewisse Zeit bezahlt. Wer sich in ein Eisenbahncoupé begibt, begibt sich auf eine Weile seiner Freiheit. Jede Fahrt auf der Eisenbahn ist ein Gefangenentransport; die Wärter nennt man Schaffner, was sie aber nicht immer veranlaßt, höflich zu sein; die Gefängnisordnung nennt sich Eisenbahnreglement, ist aber darum nicht weniger in einem Stil verfaßt, der seine Imperative ohne alle Artigkeitsfloskeln vorbringt; da das Einzellensystem zu kostspielig ist, werden die Gefangenen, wenn sie nicht sehr reich sind und sich eine Privatzelle leisten können, in mehr oder minder großen Mengen zusammen transportiert, wobei allerdings auf die Portemonnaieleistung einige Rücksicht genommen wird, und eine reinliche Scheidung zwischen Tabakkonsumenten und solchen Leuten statthat, die, wenn sie sich schon darein finden müssen, eine Luft voll Kohlenruß und Polsterstaub einzuatmen, doch Wert darauf legen, daß diese nicht gleichzeitig mit Tabakrauch der verschiedensten Gestanksgrade versetzt ist. Ach, welche Lust gewährt *dies* Reisen?! Aber nein, man soll dieses Wort auch nicht ironisch auf eine Sache anwenden, die so gut wie nichts mehr damit gemein hat. Reisen ist freie Bewegung, Genuß des Freiseins, Befreiung aus der Enge – Reisen ist Freiheit. Also läßt sich das Wort nicht auf eine Sache anwenden, die alle Merkmale der Unfreiheit an sich hat. Die Eisenbahn ist ein ausgezeichnetes Transportmittel, aber das Reisen hat mit ihrer allgemeinen Einführung so gut wie aufgehört. Mit der Möglichkeit, sich schnell von Ort zu Ort befördern zu lassen, stellte sich der Wunsch, ja die nervöse Begierde darnach ein – selbst in den Fällen, wo Schnelligkeit gar nicht der Hauptzweck ist. „Schnell weit weg" wurde die Devise auch für Vergnügungsreisen.

Aber die Technik stand nicht still und holte mit dem Automobil nach, was sie bei der Eisenbahn versäumt hatte, und sie schuf damit den idealen Reisewagen, die Voraussetzung zu einer neuen Kunst des Reisens. Der Laufwagen, der zu seiner Bewegung weder Zugtiere noch festgelegte Geleise braucht, vereinigt in sich alle Vorzüge des altmodischen Reisewagens und der Eisenbahn, ohne ihre Nachteile zu haben. Er gibt Schnelligkeit, Freiheit, Schönheit in einem. Wer nur einmal eine Reise in ihm gemacht hat, zweifelt nicht mehr daran, daß er der Reisewagen der Zukunft ist. Man denkt, hört man das Wort Automobil, freilich weniger an Reise- als an Rennwagen, und dieser Gedanke löst die Assoziation an wahnsinnige und lebensgefährliche Geschwindigkeiten aus – achtzig, hundert und hundertundzwanzig Kilometer in der Stunde, überfahrene Tiere und Menschen, Sturz in den Abgrund oder Ankunft in halbtotem Zustande. Diese abenteuerlichen Vergnügungen von Millionären, die sich die Situation der Lebensgefahr als besonderen Reiz leisten können, sind aber nur die Sportnuance des Automobilismus. Sie war, so lange fast nur Rennwagen gebaut wurden, eine Hauptsache, aber sie wird immer mehr Nebensache werden, seitdem große Fabriken in richtiger Erkenntnis der eigentlichen und bedeutsamen Perspektive der Sache, sich fast ausschließlich darauf beschränken, Reisewagen zu bauen, zu deren Erwerbung auch Leute von mittlerem Vermögen imstande sind. Ein derartiger Wagen ist keiner phantastischen Geschwindigkeiten fähig; mein Wagen „macht“ zum Beispiel nur 35 Kilometer in der

Stunde, aber nach mehr gelüstet mich auch nicht, denn, würde ich schneller fahren, würde ich weniger sehen. Und ich will so viel und so gut sehen, als nur möglich. Ich habe von Innsbruck bis Sterzing, wo wir Mittagspause machten, zwei und eine halbe Stunde gebraucht, aber diese Zeit hatte keine leere Minute, umschloß eine ununterbrochene Reihe wirklich geschauter, genossener Bilder. Wo es besonders schön war, hemmten wir den Lauf und bummelten, und als wir bei Franzensfeste in die südlichere Landschaft einfuhren, hielten wir wohl auch manchmal still und labten uns in aller Ruhe und Behaglichkeit an der üppigen Schönheit dieses südlichen Herbstes. Denn die höchste Schönheit will andächtig genossen sein.

Montag, den 10. November 1902.

Mein alter Freund Torggler, dessen grauhaariger Bauernschädel ein wahres Magazin von Volksschnurren ist, hat nicht ermangelt, mir seinen Besuch zu machen, und er hat mir als Gastgeschenk auch gleich ein paar hübsche Geschichten gespendet, die wohl wert sind, aufbewahrt zu werden. Nur schade, daß man die Sprache nicht mit wiedergeben kann.

„Kürzlich," so etwa erzählte der Alte, „bin ich dem Baron Andre Dipauli begegnet, oben in Matschatsch (wo der Baron mitten im schönsten Buchenwalde ein kleines Schloß hat), und da hab ich ihn gefragt: Herr Baron, wissen Sie die Geschichte, wie der Herrgott mit dem Teufel hat prozessieren wollen? Nein, sagt der Baron. Also hab ich sie ihm erzählt. Nämlich, es hat einmal im Himmel sakrisch geraucht und der Herrgott hat zu einem Erzengel gesagt: „Du," hat er gesagt, „was ist denn das heut wieder? Das ist ja schier nimmer zum Aushalten mit dem Gestank.“ „Ja,“ sagt der Gabriel, „das ist der verflixte Teufel da unten, bei dem ist wieder mal der Rauchfang nicht gekehrt worden und die große Mauer zwischen der Hölle und dem Himmel hat nix als Löcher.“ – „Ja, die muß doch der Teufel vermörteln lassen,“ sagt der Himmelsvater, „das ist doch ein für allemal ausgemacht?“ „Freilich,“ sagt der Gabriel, „ausgemacht is, aber der sakrische Hundsknochen tut ja nie, was er soll!“ – „Also gut,“ sagte der Herrgott, „verklagen wir ihn halt. Geh', sei so gut und hol' mir einen Advokaten." Der Gabriel tut die Flügel auseinander und hui – fort.

Es dauert eine Weile, dann kommt er wieder. – „Na," sagt der Himmelvater, „was is? Warum hast du den Advokaten nicht gleich mitgebracht." – „Ja, mei'," sagt der Erzengel und kraute sich hinterm Ohr, „das Prozessieren müssen wir uns aus dem Kopf schlagen, Himmlischer, – die Advokaten sind alle auf dem Teufel seiner Seite; bei uns im Himmel ist keiner zu finden."

„Was hat denn der Baron Dipauli dazu gesagt?" fragte ich den Torggler.

„Gelacht hat er und mir dann eine andere Geschichte erzählt."

„Auch so eine?"

„Ja. Einmal ist ein Müller in Eppan gestorben, hat er erzählt, ein recht gottloser Kerl und er ist ohne Beichte und Absolution abgefahren. So kommt er denn zum Petrus und begehrt Einlaß. Nix is, sagt Petrus, ungebeichtet kommt man hier nicht herein. – Na, so beicht ich halt hier oben, sagt der Müller. – Sagt aber Petrus: So gescheit wäre schon mancher vor dir gewesen, du Haderlump, – wenn wir nur einen Geistlichen im Himmel hätten . . ."

So predigt im heiligen Lande Tirol die Kirche Gottes, gemildert durch Humor, bei Bauern und Baronen.

III.

Schloß Englar in Eppan, 13. Nov. 1902.

Im Sommer mag man sich manchmal von hier wegwünschen; ich weiß es aus Erfahrung. Die Sonne, die es mit den Weinstöcken so gut meint, hat dann den Menschen gegenüber etwas Unbarmherziges; man wird schier geröstet, wagt man sich aus den kühlen Sälen der sehr hitzedicht gebauten alten Ansitze hinaus. Aber im Herbst ist es köstlich hier. Die hohe Schönheit dieser Landschaft, die zu den allerschönsten gehört, die man nur sehen kann, kommt um diese Jahreszeit erst zur vollen Geltung, denn nun erhält sie zur edlen Größe ihrer Linie den Reichtum und die Pracht der Farbe. Wie das Fell eines märchenhaft schön gefleckten Panthers hängt es die stolzen Flanken der Mendel herab; rotbraun und goldgelb und schwärzlich grün. Das rote Braun kommt von den schönen Buchen; das goldig leuchtende Gelb ist das der Lärchen; die Tannen und Fichten geben das dunkle Grün. Diese

Farben, mit denen sich die mittleren Berge schmücken, sind satt und voll, aber das flachere Gelände, dieser schier endlose Weingarten des alten Appianum, den schon die Römer angelegt haben, ist von einem zarten, blassen, ins Gelbliche gehenden Grün überzogen, und von den hohen Dolomiten herunter, dem breiten Schlern und dem zackigen Lattemar, grüßt es grau und weiß: Stein und Schnee. Wessen Augen des Glückes der Farbe fähig sind, der darf hier schwelgen. Allein das Blau des Himmels ist eine Lust und Gnade. Aber die eigentlichen Wunder schenkt der Abend. Der Herrlichkeiten des eigentlichen Sonnenunterganges wird man nicht so teilhaftig, wie in der Ebene. Ihren Anblick verwehrt die Mendel, die es auch verschuldet, daß die Schatten früher kommen. Während wir hier schon längst ohne Sonne sind, ist es drüben über der Etsch, in Girlan, noch hell; aber die blauen Schatten rücken vor, das Mittelgebirge hinauf, und nun liegen nur noch die nackten Seiten der Dolomiten in leuchtender Sonne: orangen glühend. So stark glühend, daß ein Reflex davon bis hieher, auf meinen Schreibtisch, fällt, einen ganz, ganz zarten Hauch dieser Farbe auf mein Schreibpapier werfend. Jetzt: wie weggewischt – was eben noch Glut war, ist wie Asche geworden: grau. Tiefschwarz steht das Mittelgebirge davor. Aber siehe: nun rückt der volle Mond empor, gerade über dem Schlerner Horn – die Glatze des Todes. Nun wird alles silbern weiß werden . . . Aber nein, etwas Wunderbares begibt sich: die eben noch grauen Steinwände der Dolomiten erröten sanft, wie aus sich selbst, ganz zart fleischfarben. Alles um sie hat die Farbe des Todes; schwarz oder kalt weiß; nur sie leuchten in der Farbe des Lebens. Sind sie es wirklich? Ist es vielleicht nur ein Phantom von ihnen? Es ist wie eine Fata Morgana, wie eine Luftspiegelung. Diese gewaltigen Steine sind wie ein leuchtender Hauch, ein gelblich rosafarbener Schemen. Lebt König Laurin wirklich? Blühen seine Rosen noch? Ein Zucken – vorbei. Entzaubert stehen die Felsen in Grau, und „der Mond wirft seinen Silberspeer"

Den 16. November 1902.

Hier müßte ein Mathematikprofessor zum

Romantiker werden. Alles verführt hier zum Fabulieren. Was ist der Rhein mit seinen paar Burgen gegen die Etsch mit ihren Schlössern und Ruinen! Die Berge selber stehen wie riesige Kastelle da, mit Mauern und Scharten und Zinnen und Türmen. Es sind nicht die spitzgipfeligen Berge der nördlichen Alpen, sondern die zügigen Berge des Südens, die mehr wie riesig breite, erstarrte Wellen sind. Und bis hoch an die Grenze der Vegetation hinan Heimstätten der Menschen und ihres Gottes. Fünfzehnhundert Meter überm Meer liegt der Wallfahrtsort Weißenstein, zu dem noch heute die frommen Tiroler pilgern, die sich ihren Glauben auch ein paar Tropfen Schweiß kosten lassen. Prachtmenschen, diese Bergbauern, die sich auch die alte Tracht und die alte treue Einfalt bewahrt haben, ehrlich und fest, tüchtig und derb. Die Einsamkeit, in der sie auf freier Höhe leben, immer die herrliche Weite um sich, in nichts beengt, weder von Menschen noch von Sachen, hat alles Gute und Starke in ihnen gut und stark erhalten, während ihre Brüder unten im Tale leider vielfach allerlei fatale Züge angenommen haben.

Es ist ein hohes Vergnügen, hier herumzusteigen. Das geht noch übers Automobilfahren. Da gibt es einen wunderbaren Saumpfad oberhalb Eppan, immer durch den Wald, manchmal ein bißchen unbequem, zuweilen wohl auch etwas halsbrecherisch, aber vom ersten bis zum letzten Schritt so voller Reize, daß man nur immer die Arme ausbreiten und rufen möchte: O du wunderschöne Welt! Denn man hat angesichts des vollkommen Schönen in der Natur durchaus kein Begehren, sich originell auszudrücken und Trivialitäten zu vermeiden. Auf diesem Wege kommt man, aber immer hoch darüber, an ein paar schönen alten Schlössern vorbei. Da ist zuerst Freudenstein, wo, als ich noch hier hauste, vor etwa fünf Jahren, ein paar alte Fresken entdeckt worden sind, die ich Kunstgelehrten, wenn sie nebstbei auch Kunstgenießer sind, wohl empfehlen möchte. Es ist da ein Urteil des Paris zu sehen. Der galante Trojanerprinz ist als junger deutscher Ritter dargestellt, fest und schön geschient, ein hübscher Bursche. Die göttlichen Damen haben nichts an als ein paar goldene Spangen und Ketten um die

Arme und an den Füßen zierliche rote Pantöffelchen – eine recht raffinierte Kostümierung, ganz à la Felicien Rops. Und was für zierliche Figürchen sie sind! Die Grazie ist deutschen Künstlern nicht immer fremd gewesen. – Dann kommt, ziemlich hoch, dicht am Walde, das alte Sanct Valentin, von allen Eppaner Schlössern, so schön sie alle liegen, das am schönsten gelegene. Es gehört den Abkömmlingen jener Tiroler Postmeisterstochter, die in der Tracht eines Postillons einen österreichischen Erzherzog in sich verliebt machte und nachher Gräfin zu Meran wurde. In der kleinen Kapelle sind ein paar schöne alte Tafelbilder. – Nun bei Perdonig vorbei, wo Kirche und Pfarrwiddum *ein* Dach über sich haben, der Pfarrer mit dem lieben Gott also in *einem* Hause wohnt, was wohl in katholischen Landen und auch sonst eine Seltenheit ist. Uebrigens ein seltsam abgelegener, wie in einem Winkel versteckter Ort von einem in dieser Gegend ganz fremd anmutenden nördlichen Gepräge. Hier zieht der Winter einen Monat früher ein als in dem Gelände ringsum, und er hält sich auch einen Monat länger auf.

Nicht weit von hier liegt die schöne Ruine des alten Prachtschlosses Boimont, wo es auch eine „weiße Dame“ gibt, die der Thurmbach-Louis, wenn ich ihm glauben darf, mehr als einmal gesehen hat, und von der eine seltsam verworrene Geschichte handelt, die man, wenn man sie nicht in den Versen des alten Geistersehers wiedergeben kann, am füglichsten wohl im alten romantischen Tone der Rittergeschichten erzählen mag. Etwa so: Zwei Grafen wohnten und herrschten auf Hoch-Eppan, der Zwingburg des Landes, die aus dem Felsen emporwächst, nicht wie ein Bau von Menschenhand, sondern wie ein Gebilde der Natur. Sie waren Brüder, voneinander verschieden wie Tag und Nacht. Eckhardt hieß der eine. Das war ein rascher und frischer Jüngling, blond von Haar, von Augen blau, rotwangig und heiter, und allen Jungfrauen und wohl auch manchen Ehefrauen ein Wohlgefallen, dazu von seinen Sitten und in allen ritterlichen Künsten Meister. Jagd und Tanz war seine Lust. Ganz anders Zeno, sein Bruder. Der war schwarz von Haar,

Bart und Auge, im Antlitz aber blaß, und seine Augen lagen tief. Tagsüber, wenn Eckhardt hinausritt, sich auf der Jagd zu tummeln, saß er düster im Gestühl, verdrossen in sich hineinbrütend, als täte ihm die Sonne weh. Erst wenn die Aveglocke Feierabend kündete, wachte er auf, schwang sich auf seinen Rappen und brauste in die Nacht hinaus, in der es ihm sehr wohl sein mußte, denn nie kehrte er vor Hahnenruf heim. Wo er gewesen und was er getrieben, erfuhr niemand. Auf dem benachbarten Schlosse Boimont, das von Hoch-Eppan aus durch eine tiefe geröllige

Schlucht getrennt ist, wohnte ein alter Ritter mit seiner Tochter Johanna. Die war so schön und hold, daß alle Menschen sie lieben mußten – also auch Eckhardt und Zeno. Aber des Fräuleins Herz gehörte nur dem Einen, der die hellen Augen und die roten Wangen hatte und die frischen Lippen, die so lustig zu lachen, so warm zu küssen verstanden. Er beugte vor dem alten Ritter Knie und Haupt und erhielt den Segen der Verlobung. Das war am Tage. In der Nacht aber kam ein Ritter ans Tor von Boimont, hob den Torhammer und schlug an. Seine Augen glühten, seine weiße Hand bebte, die blassen Lippen lagen aufeinander wie die Blätter einer welken, vom Froste versengten Rose. Eine Weile war es still. Dann kam ein Rauschen heran, und das Tor tat sich auf, ohne daß ein Riegel klirrte. Heraus trat eine hohe Frau in weißem Gewande. Der Schleier wehte von ihr. Sie wandte das Haupt zur Seite, aber ihre Arme streckten sich zu dem Blassen. Der nahm sie an sich und küßte sie mit wilder Gier und stöhnte tief auf: Ich liebe dich, du Weiße! Ich liebe dich, du Bleiche! Ich weiß, dein Blut ist weit von hier. Ich weiß, dein Blick ist weit von hier. Ich weiß, dein Leben ist nicht bei mir. Aber ich liebe dich, du Hauch der Nacht.

Erst als es im Tale grau wurde, ließ er sie aus seinen Armen und ritt davon.

König Laurins Rosen wachten auf und warfen ihren Schein in die Fenster Hoch-Eppans, aber nicht einmal unter ihrem Leuchten wurden die Wangen Zenos rot, der dort mit offenen Augen schlafend lag und im Schlafe keuchte.

Aber rot und leuchtend wie die Rosen des Märchenberges trat Eckhardt in die Kammer und rief:

„Nachtvogel, wach' auf! Schüttle die Mohnkörner aus deinem schwarzen Bart! Heut' sollst du zum erstenmal in deinem Leben lachen, denn die süße Johanna ist meine Braut!“

Zeno verzog seinen Mund – aber ein Lächeln war es nicht. Und er sprach, sehr leise und langsam, dies: Du träumst töricht, Knabe. Laß dein Träumen! Oder du wirst trüb aufwachen – Johanna ist mein.“

Eckhardt griff nach seinem Schwerte. Zeno aber sprach: Es ist noch nicht die Zeit. Heute nacht vielleicht – wenn du Mut hast. Heute nacht, wenn ich sie dir zeigen werde:

deine – *meine* Johanna, vorm Boimonter Tor.

Eckhardt fühlte einen Schauer den Rücken hinab und ließ die Hand vom Schwertgriff. Zeno sprach: Nicht vor Schlag zwölf! Eckhardt taumelte hinaus. Wie er aber den jungen Morgen sah und das Glühen der Berge, wurde sein Herz wieder froh, und er schwang sich auf die Mauer und sah hinüber nach Boimont, wo ihm aus dem Fräuleinturm ein weißer Schleier entgegenwehte. „Der arme, nächtige Narr!“ dachte er bei sich und rief über die Schlucht hinüber: Heut' nacht um zwölf! – Der Schleier winkte: Ja!

Schlag zwölf war Eckhardt am Tor. Er brauchte nicht zu warten. Die Riegel klirrten, die Flügel taten sich auf und die Liebste hing an seinem Halse, warm wie das Leben. Herz pochte an Herz, Mund lag auf Mund – da vergaßen die beiden die Welt. – Da kam ein Rauschen von hinten her, aus dem Burghofe, und es war, als ob ein schneidender Wind in ihre heiße Glückseligkeit führe, und sie mußten die Lippen voneinander lassen und sich umwenden. Grausen – was sahen sie da. Zeno schritt über den Burghof, und an seiner Seite eine hohe Frau in Weiß, von der der Schleier wehte: Johanna. – Eckhardts Braut fuhr sich über Stirn und Auge, schrie gell auf, griff sich nach dem Herzen und machte wankend einen Schritt nach vorn. Eckhardt aber stürzte, das Schwert gezogen, vorwärts, auf Zeno los. Der kreuzte die Arme und – lächelte. Vor diesem Lächeln fiel das Schwert aus Eckhardts Hand. Johanna! rief er laut und starrte ins Angesicht der Weißen. Die kam mit schwebenden Schritten auf ihn zu. Eiskalt griff es ihn ans Herz. Er wollte sich umwenden, zu seiner Braut, und er rief: Nicht du. Nicht du. – Aber sein Genick war starr und die Weiße kam ihm nahe: zwei große Tränen rannen ihr die Wangen herab und sie sprach mit Johannas Stimme: Ich bin's ja, mein Eckhardt, ich bin's. Und neigte sich tot über den Toten.

Zeno schritt an den Leichen vorüber. Am nächsten Morgen fanden die Knechte auch ihn tot im Bette.

Johanna aber läßt sich noch heute im weißen Gewande mit wehendem Schleier am zerfallenen Tore von Boimont sehen – wenigstens dem alten Thurmbach-Louis, der die Gabe hat, Gespenster zu schauen und in

Versen von ihnen und ihren Schicksalen im Leben zu erzählent–, wie ich es hier in Prosa versucht habe, da ich leider kein Geisterseher bin.

Augenblicklich baut er der Mutter Gottes aus Tuffsteinen eine Kapelle über einer Quelle, von der er sagt, daß Maria ihm verkündet habe, sie heile alles Wehtum, das Menschen heimsucht.

Aber die Eppaner glauben ihm nicht, wenn er auch die Gabe hat, in Versen zu reden. Auch sie wissen es wohl, daß Dichter gern lügen. – Er sollte wenigstens in Prosa schwärmen, der alte Thurmbach-Louis.

Der Mohr

Die Stadt, in der sich folgende Geschichte begeben hat, ist nach der Meinung der Offiziere des dort liegenden Bataillons mit der Wortverbindung Verfluchtes Nest vollkommen erschöpfend gekennzeichnet. Trotzdem besitzt sie offiziell noch zwei Namen. Der eine steht auf den meisten Landkarten und klingt sehr anheimelnd auf -au aus, bei welcher Silbe sich der Deutsche in Versbindung mit Ortsbezeichnungen bekanntlich Wiese und Wald und sonst derlei Hübsches denkt. Der andere besteht aus fünf Konsonanten, von denen drei, wenn sie geschrieben werden, eine Art Haube aufhaben, ihre Nationaltracht sozusagen, und einem einsamen Vokal, der sich vergebens bemüht, gegen das feindliche Gezische und Gepruste der Majorität aufzukommen. Es ist nur begreiflich, daß dieses Konsonantengeprassel auf den meisten Landkarten nicht verzeichnet wird. Dafür lebt es aber im Munde des Volkes, das jene Stadt und ihre Umgebung bewohnt. Die Stadt heißt also tatsächlich so, wie sie von ihren Bewohnern geniest wird, und jener andere Name hat nur noch eine melancholische historische Bedeutung: er erinnert an die Zeit, als man dort noch nicht allgemein den Sprechschnupfen hatte, sondern Deutsch redete. Kurz und schlimm: unsere Geschichte spielt in einer ehemals deutschen, jetzt aber tschechischen Stadt Böhmens.

In diese Stadt nun kam, als ob es dort nicht schon genug nationale

Gegensätze gebe, eines Tages ein Mohr. Er hatte schwarz und weiß karierte Hosen, ein rotes Wollhemd und einen Smoking mit breitem, seidenem Aufschlag an und trug auf dem Kopfe einen viel zu kleinen, dafür aber durch Alter ehrwürdigen Chapeau claque. Ein Paar Stiefeletten hatte er auch, aber nicht an den Füßen, sondern in der Hand. Vermutlich legte er Wert darauf zu zeigen, daß er auch an den Füßen schwarz war. Als er in diesem Aufzug das Stadttor durchschritten hatte und, wie es die Topographie des Ortes mit sich brachte, nun auf dem

Marktplatze stand, lüftete er sehr höflich seinen Klappzylinder, entfaltete den Wulst seiner Lippen zu einem umfangreichen Grinsen, das eine Reihe tadelloser Nußknackerzähne und ein bräunliches Schleimhautrosa enthüllte, das man sonst nur noch bei jungen Foxterriers zu bewundern Gelegenheit hat, und sagte zu den siebenundachtzig jungen und alten, männlichen und weiblichen Tschechen, die ihn unter lebhaften Konsonantenentladungen umgaben, dies: „Hören Se mal, verehrteste Einjeborene, jibt es in dieser

Metropole so wat, det man 'n Hotel nennen könnte?“ – Die Eingeborenen hielten diesen Dialekt für Negerdeutsch, und ein alter Herr, der noch aus der Zeit stammte, als man hier nicht bloß Deutsch verstanden, sondern auch gesprochen hatte, antwortete ihm, daß es hier in der Tat so etwas gebe, und zwar gleich gegenüber. – „Thank you,“ sagte der Mohr, zog gemächlich seine Stiefeletten an und ging mit dem etwas schaukelnden Gang seiner Rasse zu dem Hause, über dem geschrieben stand: *Hostinek*. Aus den siebenundachtzig Tschechen waren, als er dort ankam, hundertunddreiundvierzig geworden. Der Mohr konnte also sagen, daß er mit großem Gefolge seinen Einzug hielt.

Trotzdem erachtete es der Wirt nicht für überflüssig, ihn zu fragen, ob er Geld hätte. „Jeld?“ erwiderte der Mohr, – „is nich“ Und er fügte hinzu, daß er auch keineswegs gekommen sei, hier Geld auszugeben, sondern seine Absicht gehe vielmehr entschieden dahin, hier welches zu verdienen. Und das als Portier, Hausknecht, Zimmerkellner, Laufjunge, kurz in jeder nur immer gewünschten Eigenschaft, die einem besseren Mohren mit Vorkenntnissen in dieser Branche anständig sei. Dabei grinste er unablässig und wiederholte des öftern: „Ick heeße iebrijens Willem und bin aus Berlin N.“

Mittlerweile hatte sich hinter ihm die ganze Bewohnerschaft der Stadt und hinter dem Wirt alles Männliche und Weibliche angesammelt, was zu seinem Personal gehörte und eben an Gästen im *Hostinek* vorhanden war. Auch die Frau Wirtin, ein umfangreiches Wesen von äußerster Blondheit, war da. Sie, die Köchin, das Küchenmädchen und das

Stubenmädchen erklärten sofort und ohne daß sie irgendwer zu diesem Verdikte veranlaßt hätte, einstimmig, daß dieser berliner Mohr über alle Maßen greulich und der Gedanke, ihn im Hause zu haben, über alle Begriffe widerwärtig sei. Aber der Herr Major von Kipferle, der sich mit einigen seiner Offiziere unter den Gästen befand, brach in ein dröhnendes Lachen aus und meinte, er fände den schwarzen Mann vergleichsweise berückend, und er verspräche sich viel Amüsement von ihm, denn wenn schon ein Berliner etwas Komisches sei und ein Neger etwas Komisches, wie komisch müsse dann erst ein berliner Neger sein. Und Dr. Bammser, die böse Zunge des Ortes (ich brauche nicht hinzuzufügen: seines Zeichens Advokat), rief in seinem schmetternden Diskant: „Aber natürlich muß er dableiben, der Mohr Es ist hier eh' nix mehr zum Tschechisieren da." Die letztere Bemerkung machte er aber leiser denn es lag ihm wenig daran, seine tschechischen Klienten zu ärgern, wie er denn überhaupt mehr Advokat als Deutscher war.

Der männliche Teil der Einwohnerschaft, der, den ganzen

Marktplatz anfüllend, jetzt von den zwei Polizisten des Ortes kaum mehr im Zaume gehalten werden konnte, entfaltete dagegen unverhohlen die ganze Heftigkeit seines nationalen Temperamentes, sang die tschechische Volkshymne, brachte ein Pereat auf die Deutschen aus und ließ dafür demonstrativ den Mohren hochleben, von dem er sich offenbar trotz seines Deutsch eine Stärkung des tschechischen Elementes versprach. Die Weiber aber (die Damen inbegriffen) schüttelten sich vor Grausen über den preußischen Neger ostentativ und ergingen sich in den despektierlichsten Ausdrücken über sein Exterieur.

Das Resultat dieser lebhaften Volksabstimmung war, daß der Wirt sich dachte: Aus alle Fälle ist dieser berliner Mohr eine Attraktion; ich werde also auf meine werte Gattin pfeifen und ihn anstellen – wohlgemerkt: ohne Gehalt.

Willem aus Berlin war damit ganz einverstanden und machte nur, eitel, wie Neger einmal sind, zur Bedingung, daß er national equipiert werde mit erstens einer roten Pumphose, zweitens einer blauen Zuavenjacke, drittens einem Fez, viertens weißen Strümpfen, fünftens einem Paar schwarzen Filzschuhen. Die Frau Wirtin, mit Recht empört darüber, daß auf ihre Gefühle keine Rücksicht genommen worden war, faßte ihre Meinung über diese Garderobenwünsche in die Bemerkung zusammen, daß das schwarze Scheusal dann vollkommen wie ein Affe aussehen werde. Die gesamte weibliche Dienstbotenschaft des Hotels pflichtete dieser Kritik der Prinzipalin rückhaltlos bei, indem sie dem Affen nur noch einige *Epitheta non ornantia* anhängte. Willem aber bekam seine Nationaltracht zugestanden.

*

Der Herr Wirt hatte sich nicht verrechnet: Dieser wie vom Himmel aus Berlin ins Land der Tschechen gesandte Mohr war eine große Attraktion. Selbst die radikalsten tschechischen Nationalisten, die dieses Gasthaus nie besuchten, weil es eigentlich das Standquartier der Offiziere und Beamten, also der Deutschen, war, fanden sich ein, – und gleich familienweise, denn die Frauen, die den Mohren schon einmal gesehen hatten, wollten ihn (so pervers ist die weibliche Natur) noch einmal sehen, um die Fülle des Grauens ganz auszukosten; und die ihn noch nicht gesehen hatten, kamen erst recht, um auch das Gruseln zu lernen. Ging ja doch die Rede, daß er einen Pferdeschweif, Bocksfüße und zwei zwar kleine, aber deutliche Hörner habe, ganz zu schweigen von anderen Dingen seiner körperlichen Beschaffenheit. Aber auch vonseiten der Stammgäste erfolgte lebhafterer und ergiebigerer Besuch, denn auch die Offiziersdamen legten einen tätigen Abscheu gegen das interessante Monstrum an den Tag, indem sie das sonst von ihnen meist gemiedene Hotel besuchten.

Überdies war Willem selber einfach eine schwarze Perle. Daß er, was seines Amtes war, ordentlich besorgte, war noch das wenigste. Aber was tat er nicht alles noch Er erzählte sowohl von Afrika, wo er ein Prinz gewesen, wie von Berlin, wo er den Rang eines Gefreiten in der Armee eingenommen hatte. Er imitierte das Brüllen von Elefanten und das Kommandieren von Gardeleutnants. Er tanzte Bauch und marschierte Stechschritt. Er entwarf Bilder aus dem Liebesleben in der trauten

Negerhütte Kameruns wie in den berliner Amorsälen (wo er auch Portier gewesen war). So gewann er sich die Herzen aller, – nur die Frauen hörten nicht auf, sich über ihn zu entsetzen. Selbst wenn er Liebeslieder zur Mandoline sang, mit so verdrehten Augen, daß nur das Weiße von ihnen zu sehen war, und mit einem Tremolo, daß ein Nashorn darüber sentimental werden konnte (wobei er selber zähnefletschend ins Schluchzen kam), – selbst dann hörten sie wohl atemlos zu, aber nur, um am Ende zu erklären, das sei doch eigentlich keine Kunst, sondern zoologischer Garten. Nur einmal gerieten sie ins Wanken. Das war, als Willem den „Häuptlingstanz“ exekutierte, wobei er nur und ausschließlich die Pumphosen anhatte. Dieser Tanz war aber auch eine Sache Afrika, Leidenschaft, Äquator, Urwald, Brüllen vor Liebe rasender Löwen, Palmenrauschen, Zischen von Klapperschlangen aus dem Dickicht himmelhoher Agaven, Nachtigallengeschluchz und ein Duft giftiger, aber unsagbar schöner Blumen, – dies alles war nach dem Urteil der stark schöngeistigen Frau Major von Kipferle in diesem Tanz, bei dem Willem übrigens in einer Weise transpirierte, daß man es schon Schwitzen nennen und ein Fenster öffnen mußte.

Dieser Tanz faszinierte, es war kein Zweifel, sogar die gar nicht schöngeistige Frau Wirtin, die selber offensichtlich in Schweiß geriet; aber es war doch nur vorübergehend, und schließlich waren sich alle Damen (die Weiber eingeschlossen) darüber einig, daß das doch eine recht unpassende Art sei zu tanzen, und man konnte entschieden die Bemerkung machen, daß die deutschen und tschechischen Damen darin einig waren, es sei schließlich immerhin ein Vorzug, in Europa geboren zu sein.

Man hätte meinen sollen, daß Willem unter dieser Abneigung des weiblichen Geschlechts gelitten hätte, aber dem war allem Anscheine nach nicht so. Er trug beständig eine durch nichts getrübte Heiterkeit zur Schau, und nur manchmal mochte man etwas wie eine schwermütige Mattigkeit an ihm bemerken, die aber doch etwas Stillzufriedenes an sich hatte. Rohe Menschen fragten ihn zuweilen, ob er denn gar kein Bedürfnis nach Zärtlichkeit hätte.

„Aoh no“ antwortete er bloß und fletschte die Zähne, als ob er sagen wollte: Sie sind undelikat, mein Herr

Mit der Zeit stumpfte sich das Interesse an dem Neger ab, und man nahm bereits ein Air von Blasiertheit an, wenn man ihn durchreisenden Fremden zeigte, die sich über den schwarzen Mann noch aufregten. Er fing auch schon an, Tschechisch zu reden und seine deutschen Gefreitenknöpfe zu verleugnen, außer wenn er gerade eine Kommission bei einer Offiziersfrau hatte. In solchen Missionen bewegte er sich durchaus preußisch-militärisch, was zur Folge hatte, daß er den tschechischen Rekruten als leuchtendes Muster vorgehalten wurde. – Daß er aber bereits zu Kommissionen bei und von Offiziersdamen verwendet wurde, beweist schlagender als alles andere, daß sich auch die Weiblichkeit an seinen Anblick gewöhnt hatte. Doch erfordert es die historische Wahrheit, zu bemerken, daß gewisse Bewegungen und Ausdrücke des Abscheus sich bei der Frauenwelt beider Nationen stabil erhielten, ja gewissermaßen Klischee wurden. Willem brauchte nur zu erscheinen, und alles, was einen Unterrock trug, schüttelte sich, als wenn es von Mäusen angelaufen würde.

Das stärkere Geschlecht konnte sich nicht genug tun in Ausdrücken der Mißbilligung einer derart hypernervösen Empfindlichkeit. Der gemeine Mann sagte (Tschechisch natürlich, und da klingt es noch böser): „Dumme Kühe seid ihr alle miteinander," während der gebildete Mann mit einem K. K. im Titel milde verweisend bemerkte, es sei ein Zeichen mangelhafter Selbstbeherrschungskraft, seine Abneigungen so gewissermaßen in Reflexbewegungen zu äußern.

Ach, ihr armen Männer von Hatziau (so will ich den Ort „gemischtsprachig“ nennen, schon damit ich das schöne Wort gemischtsprachig einmal verwenden darf, wozu ich sonst in meinem Leben nicht komme), – ach, ihr unglückseligen Gatten, Bräutigame und Liebhaber von Hatziau Hättet ihr geahnt, wie tief die Abneigung eurer Ehefrauen, Bräute und Geliebten gegen den schwarzen Mann ging, wie, ich möchte sagen, nicht bloß in alle Seelenwinkel, sondern direkt ins Blut und in die dunkelsten Tiefen aller physiologischen Prozesse hinein dieser Abscheu wirkte, – ihr wäret weniger streng gewesen.

Es kam aber der Tag, der sie belehrte, es kam der Tag, der ihnen *ad oculus* demonstrierte, daß jener Widerwille mächtiger gewesen war als der Wille der armen Frauen und Mädchen, daß er mit mystischer Gewalt sie geradezu durchdrungen hatte.

Zuerst erfüllte sich dies an der Frau Wirtin, dann kam das Stubenmädchen an die Reihe, dann die Köchin, dann das Küchenmädchen; eine Weile später, und es begab sich dasselbe bei der

Frau Majorin, dann an der Frau Chalupka, dann an Fräulein Brzrzina, und so eine lange, lange Reihe hinab und hinauf durch die ganze soziale Struktur von Hatziau.

Lauter gescheckte Babies

Ein wahres Glück, daß der notorische Widerwille der gesamten Weiblichkeit des Ortes jede gehässige Auslegung im Grunde ausschloß. Solange die Ereignisse sich auf das Haus beschränkten, in dem der abscheuliche Mohr persönlich wirkte, fehlte es freilich nicht an niederträchtigen Bemerkungen, und es war natürlich Herr Dr. Bammser, der darin das Schändlichste leistete; aber als schließlich der gesamte Nachwuchs des Ortes um diese Zeit kraushaarig und gescheckt das Licht der Welt erblickte, da mußte selbst des Advokaten giftige Zunge bekennen, daß nicht etwa sträfliche Sympathie die Schuld daran trug, sondern jene, national angesehen, lobenswerte Rassenantipathie, die freilich (o, unerforschlich sind die Wege der Vorsehung) dazu geführt hatte, daß durch Versehen eine neue Mischrasse entstanden war.

Vor diesem Phänomen wurde selbst Dr. Bammser ernst. Und er sprach zu einer Anzahl bekümmerter Väter beider Nationen dies: „Meine Herren Seien Sie nicht traurig, sondern erheben Sie Ihre Häupter mit Genugtuung Vielleicht ist auf diese wunderbare Art etwas in die Nähe gerückt, was wir doch schließlich als gute Österreicher alle ersehnen müssen: der Friede zwischen den Nationen. Ihre Frauen haben sich versehen und aus Versehen die Ansätze zu einer neuen Rasse hervorgebracht. Diese Rasse wird nicht anders können, als sich untereinander zu lieben. Nur ein Wunder konnte dies bei uns in Böhmen bewirken, – und darum ist dieses Wunder geschehen. Jener arme Mohr hat, durch seine bloße Gegenwart, eine große Mission erfüllt. Hatziau sollte ihn zum Ehrenbürger ernennen, aber dann sogleich an den nächsten Ort abgeben, denn das ganze Land braucht den nationalen Frieden. Nur die wüsten Alldeutschen werden sich widersetzen, der gute Österreicher, ob deutschen oder tschechischen Stammes, wird mit mir einstimmen in den Ruf: *Es lebe der Mohr aus Berlin, der das Unmögliche möglich gemacht hat*“

Aber was nützen vernünftige Reden in einem Lande, in dem die Leidenschaften herrschen? Willem wurde nicht Ehrenbürger von Hatziau sondern „über Anordnung einer K. K. Polizei“ auf dem Schub an die deutsche Grenze gebracht, und Deutsche und Tschechen liegen sich in den Haaren, als wenn niemals ein Wunder geschehen wäre.